JOHN THORNTON
PIPE DREAMS

FÜR ALEX

JOHN THORNTON
PIPE DREAMS

MIT EINER EINLEITUNG VON
PETER MAYLE

SWAN VERLAG . KEHL AM RHEIN

Ein Vorwort zu einem Buch mit Fotografien von John Thornton zu schreiben, das ist genauso, als wollte man in den Folies Bergères Violine spielen. Man ist sich bewußt, daß es nicht das ist, was die Leute sehen wollten.

Es hat keinen Sinn, wenn ich einen überschwenglichen Vortrag über die technische Qualität, den gewagten Umgang mit Symbolismen oder all das analysierende Zeug halte, das man so gern über Fotos schreibt. Entweder sie gefallen Ihnen oder nicht. Mir persönlich gefallen sie sehr, da ich eine Vorliebe für spärlich bekleidete Frauen habe.

Es ist doch schlimm. Kaum haben wir mit dem Vorwort begonnen, schon sind wir dabei, die künstlerischen Verdienste der Fotos zu diskutieren. Es wird Zeit, daß wir uns dem Genie hinter der Linse zuwenden.

John Thornton (wenn das überhaupt sein richtiger Name ist) wurde wegen Schaufenstereinbruchs in ein Damenunterwäschegeschäft in Sydney vor vielen Jahren verjagt. Er wurde verhaftet, als er noch schnell einen letzten Hüfthalter in seine Tasche stopfte, vor Gericht geschleppt und nach Südafrika abgeschoben. Dort befand er sich unter ständiger Aufsicht der Behörden, da er viele Aufnahmen von Farbigen machte. Schließlich beschloß er, um größere künstlerische Freiheit zu erlangen, Europa heimzusuchen.

Unter dem angenommenen Namen Harold Wilson erreichte er England, wo er gleich seine erste große Enttäuschung erlebte: Ein anderer hatte sich den Namen vor ihm ausgesucht! Unerschrocken, wie er war, wurde er zu John Thornton (oder gelegentlich zu Bucci) und zog aus sich zwei Namen zu machen.

Die folgenden Jahre waren hauptsächlich der Werbefotografie gewidmet. Das Studio Thornton wurde eines der beliebtesten Jagdgründe für bekannte und auch weniger bekannte Art Direktoren.

Sie wurden nicht nur von dem unzweifelbaren Talent des Inhabers angezogen, sondern auch durch die reizvolle Aussicht, ein fast nacktes, liebliches Wesen auf einem Kronleuchter schwingend vorzufinden, nur mit Motorradstiefeln und einem federgeschmückten Hut bekleidet. Während dieser Zeit nämlich entwickelte unser Held gerade seinen persönlichen fotografischen Stil, den einige hervorragende Kritiker als „absolut schändlich" willkommen hießen.

John Thornton hatte Ausstellungen in Amsterdam, Antwerpen, Barcelona, Bologna, Genf, Mailand, Paris, Tokyo, Zürich und London.

Er ist blond, blauäugig, seine Schrittlänge mißt 85 cm. Niemand hat ihn je mit John Travolta verwechselt. In diesem seinem neuesten Buch können Sie das Resultat vieler Jahre Arbeit sehen – ganz zu schweigen von den beträchtlichen Ausgaben für hochhakige Absätze und andere Wonnen.

Es ist genau die Sorte Buch, die sich Freunde ausleihen und nie zurückgeben. Falls dieses Exemplar nicht Ihnen gehören sollte, geben Sie es sofort zurück und kaufen Sie sich selbst eines.

Peter Mayle

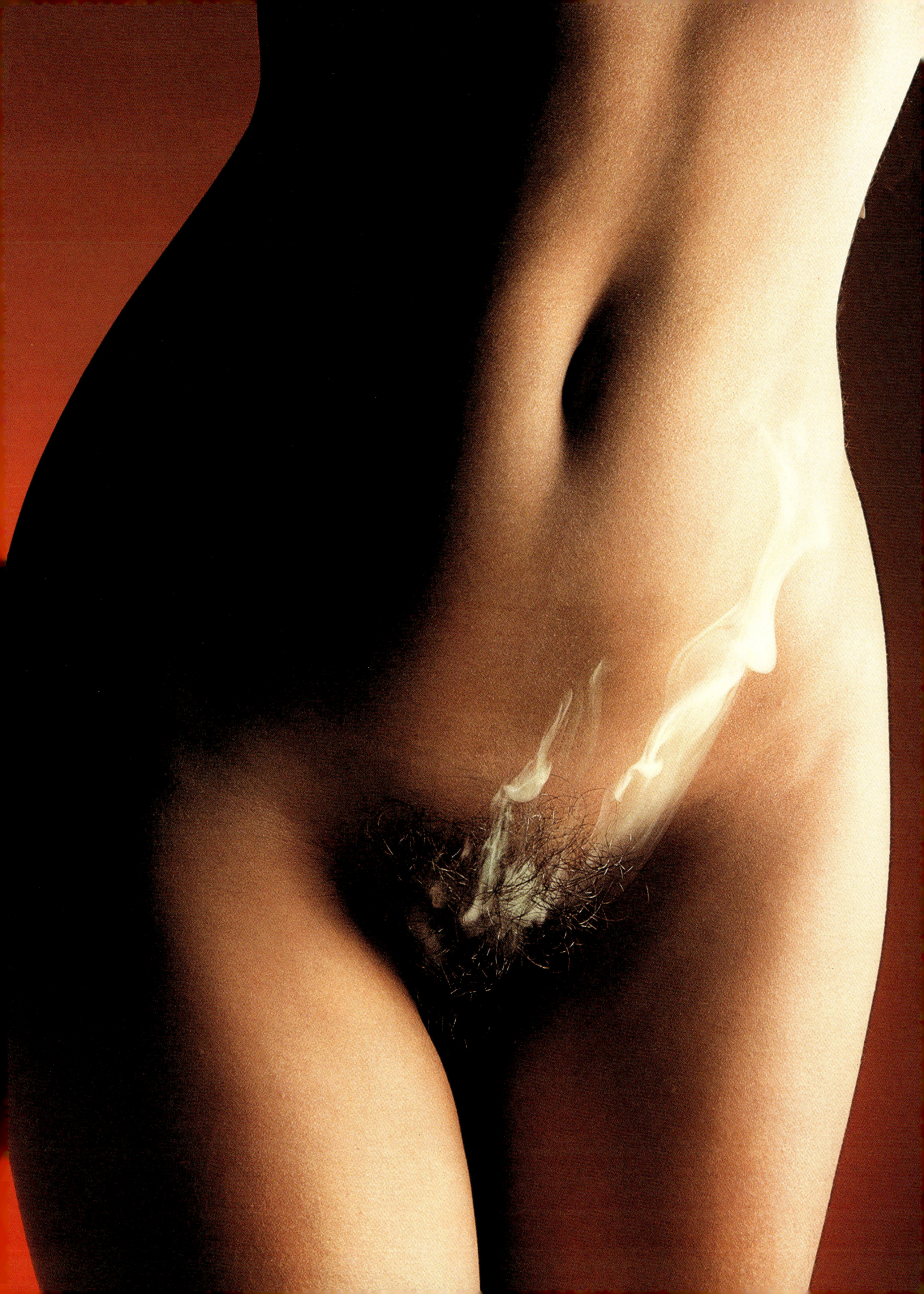

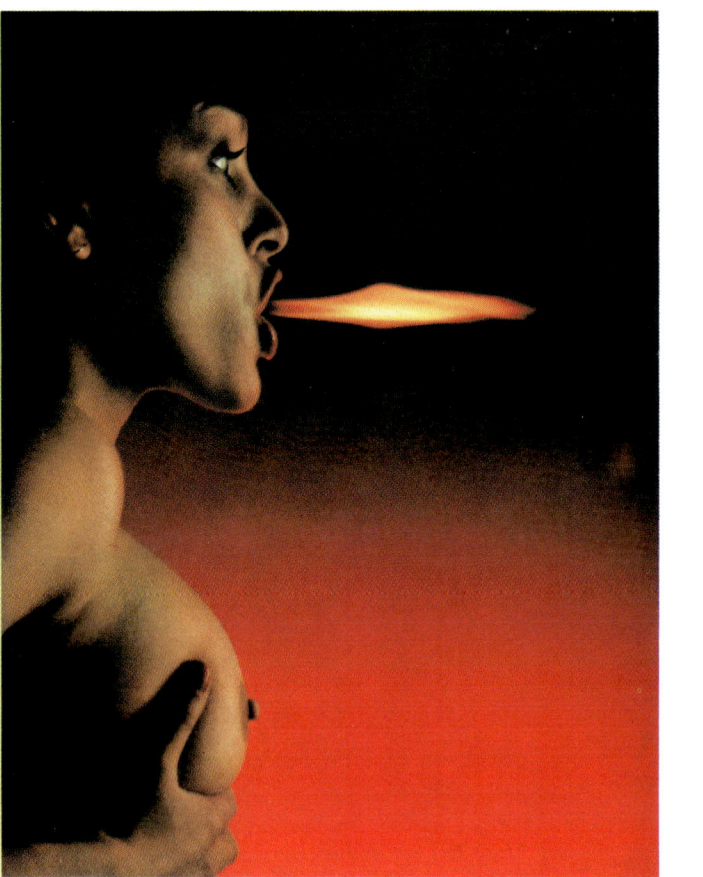

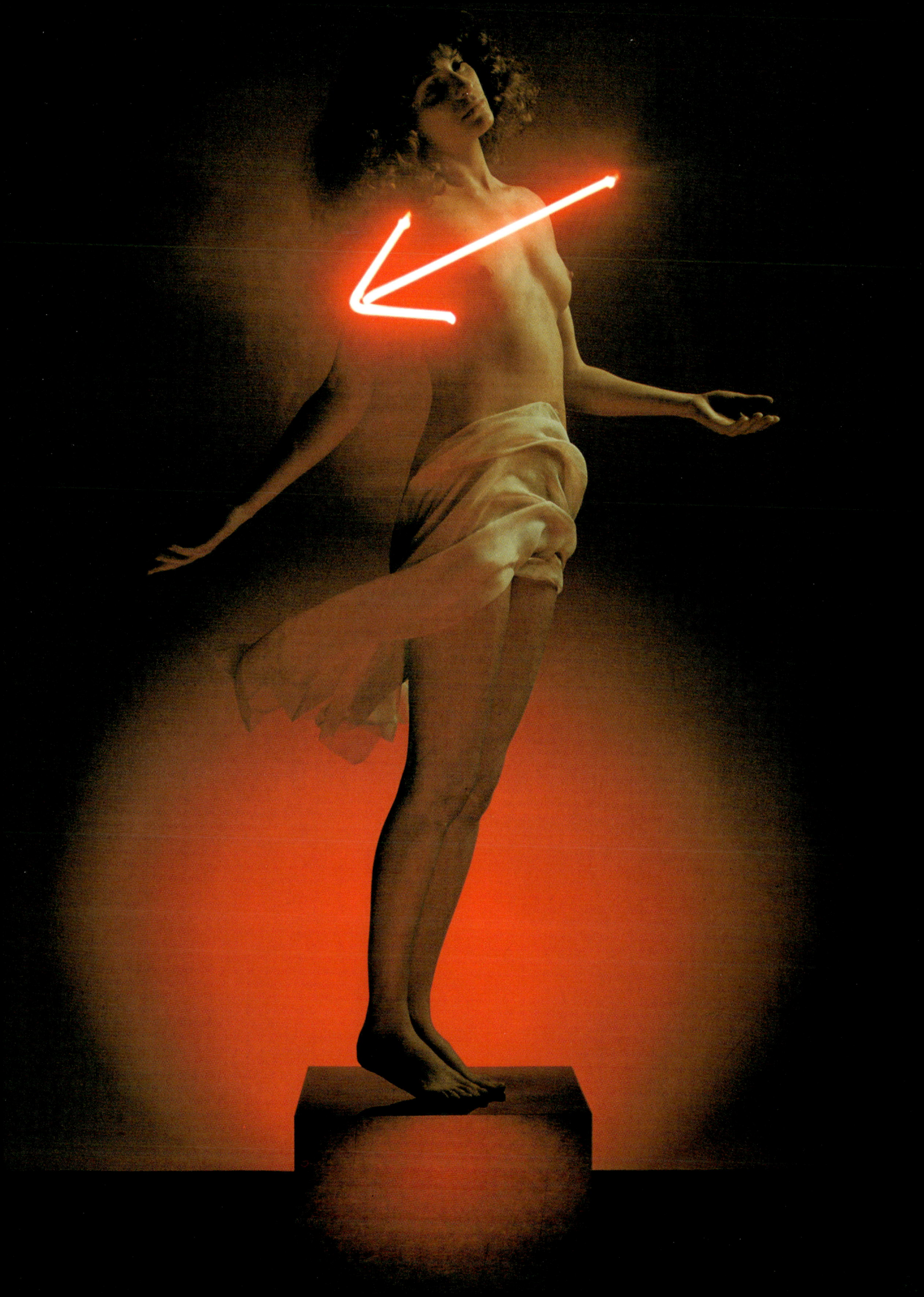

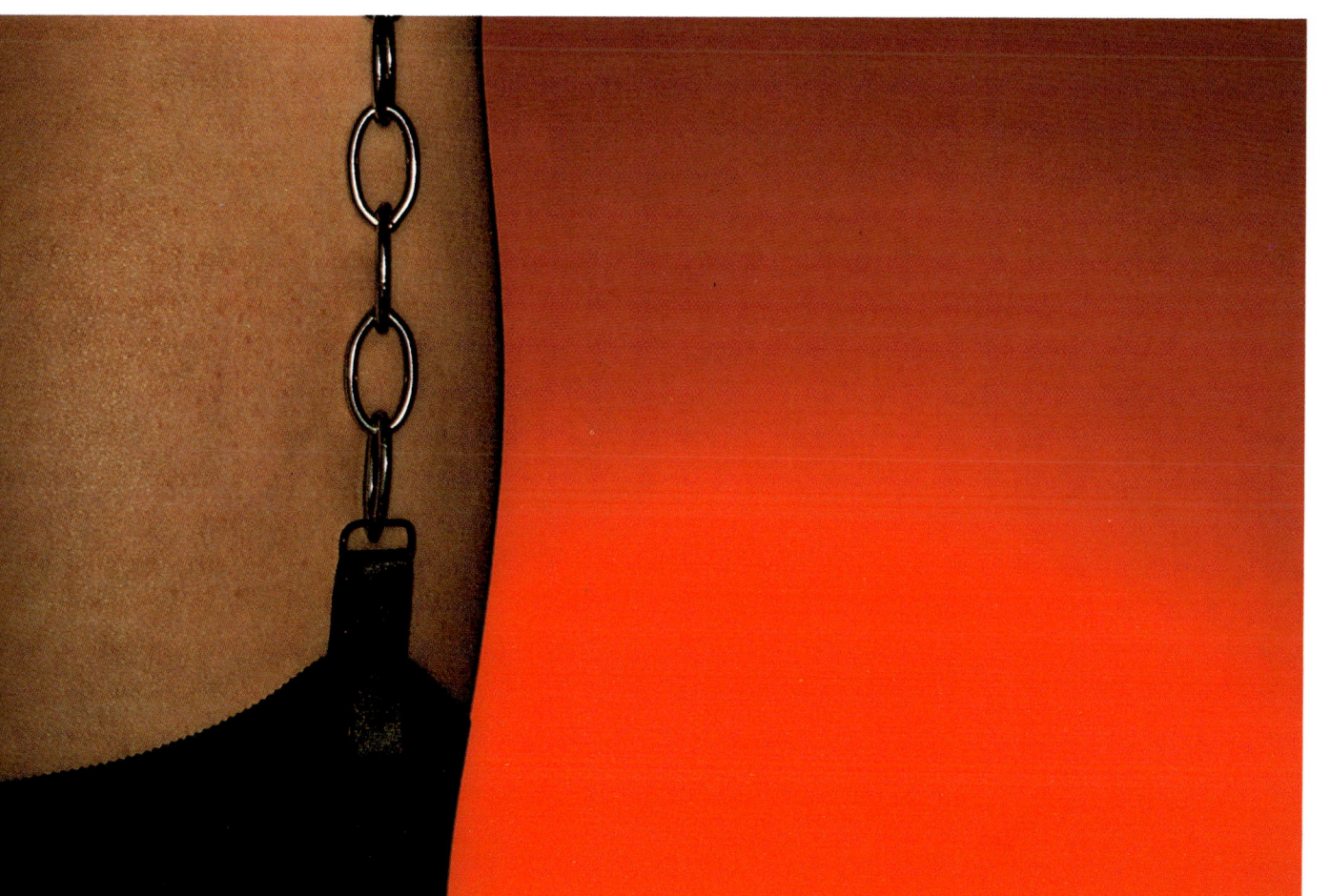

A.G./C. 472 # On Her Majesty's Service

OFFICIAL PAID

PRIVATE

The Collector of Taxes, London PAYE Accounts Office,
St. Hugh's House, 51, Trinity Road, BOOTLE, 20, Lancs.

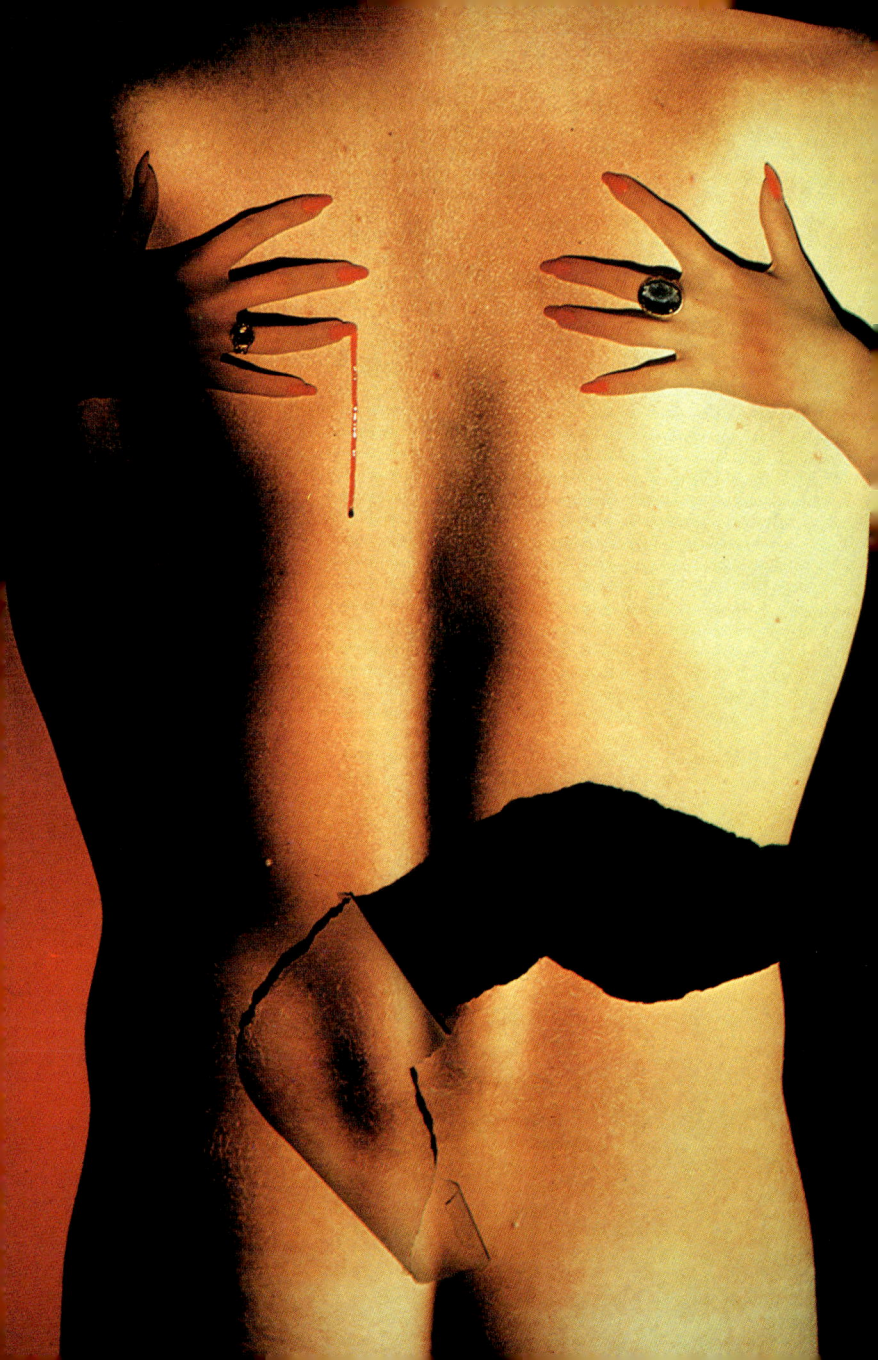

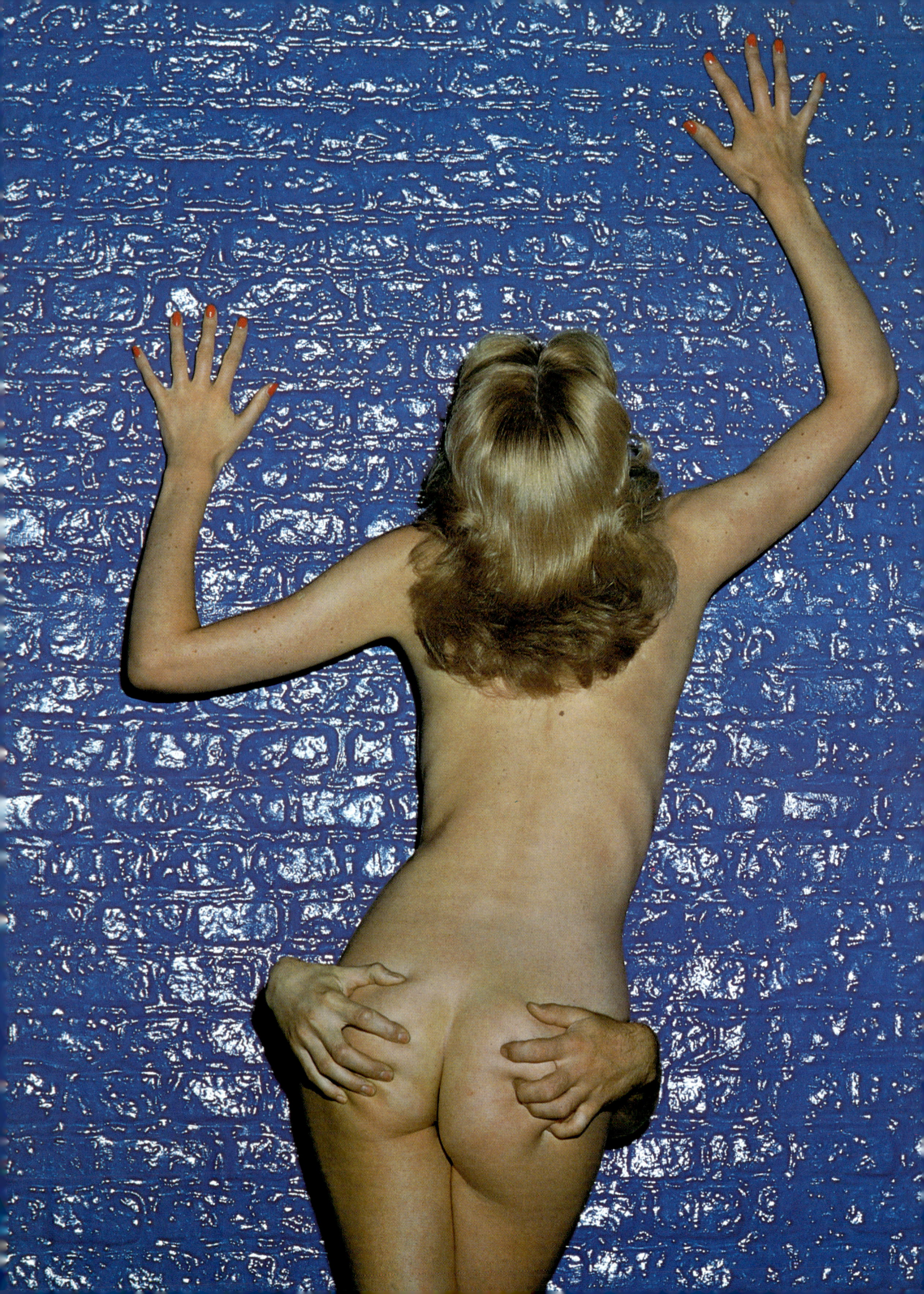

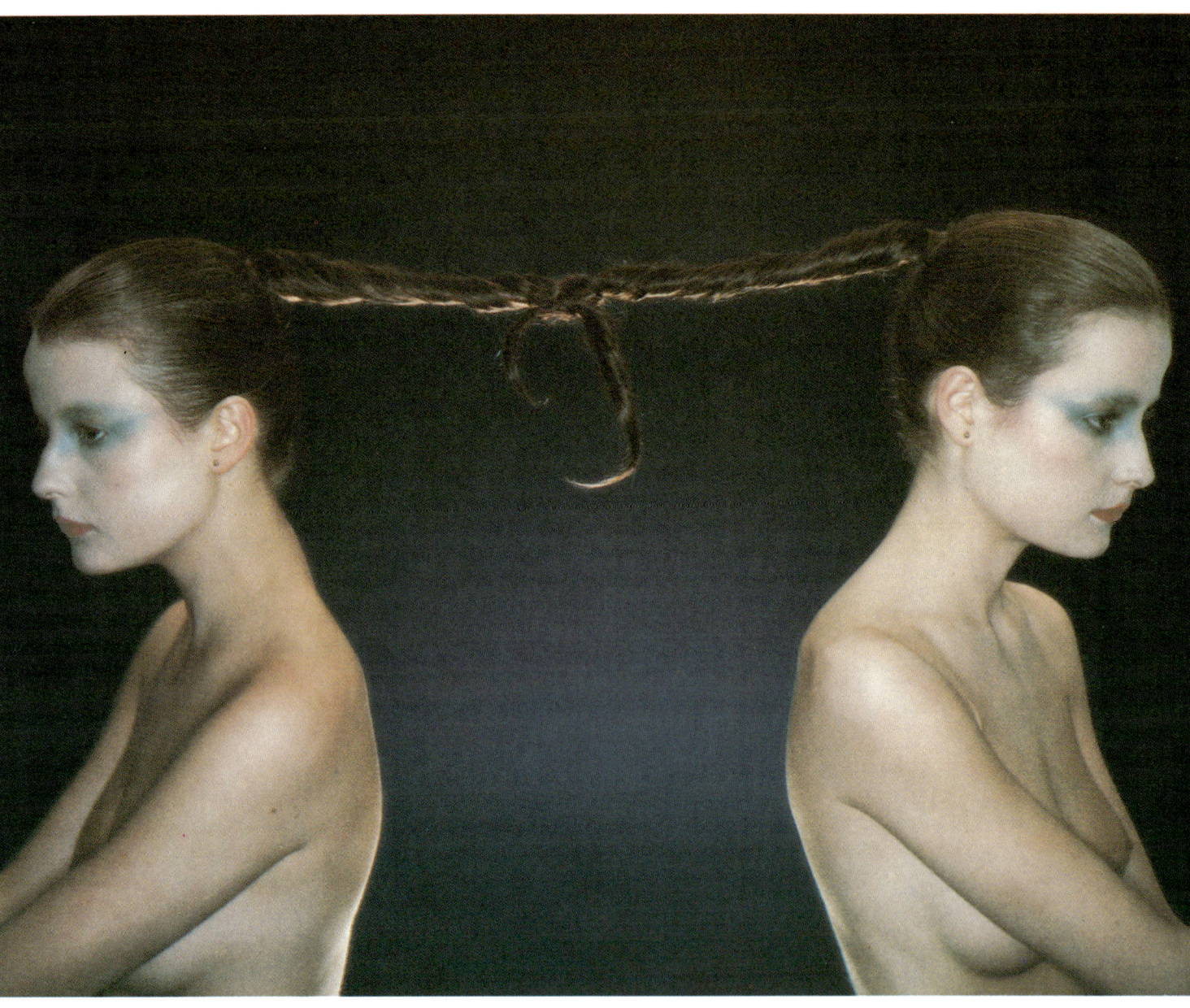

Tom Lowrey und Jenny Clark haben soviel für dieses Buch getan, daß Worte des Dankes nur schwer zu finden sind und in jedem Fall nicht ausreichend wären. Dennoch: Danke.

Tiefer Dank gebührt der Polaroid Corporation, deren technischer Beistand und Hilfe von unschätzbarem Wert waren. Eine ganze Reihe dieser Bilder sind von Polaroid-Aufnahmen reproduziert. Aber auch die auf normalem Filmmaterial hergestellten Bilder wären ohne vorherige Polaroid-Aufnahmen und die dadurch gegebenen Korrektur- und Gestaltungsmöglichkeiten nicht möglich gewesen.

Ein ganz besonderer Dank gilt auch Paul Walter für die Gestaltung dieses Bandes und Peter Mayle für seine wunderbaren Worte.

Ohne die Hilfe all der folgenden Leute wäre dieses Buch auch nicht möglich gewesen:

Amanda Adey · Alex Argent · David Ashwell · Freddie Bannister · Joe Brooks · Victoria Burgoyne · Patti Burris · Steve Cavalier · Helen Copeland · Ronald Corry · Desiree · Esther Dolesch · Faraday · Greg Geist · Aaron Glyn · Clark Hansford · Ika Hindley · Annabel Hodin · Nancy Howard · Nicky Howarth · Maggie Hunt · Celia Hunter · Hylette · Bob Irving · Jessica · Sue Kane · Susie Lakon · Evelyn Lamy · Larissa · Dudley Lawrence · Alphonso Libano · Loo Yee · Lynette · Carole Mann · Paula Marie · Marissa · Susan Mayer · David McLaren · The McLean Twins · Elaine Michele · Tina & Len Millor · Debbie Moore · Debbie Munro · Myra · Nicole · William Norman · John Pashe · Derrie Powell · Penny Preistley · Ricky · George Roland · Glouca Rossi · Lindsay Rudland · Cindy Russell · Malcolm Ryan · Madeleine Saidman · Richard Sharah · Shelley · Sliwka · Mona Solomons · Jan Stephenson · Shelley Stevens · Tasha Saskia Thornton · Trevor · Trudi · Cyril Vickers · Vivienne Chris Warwick · Tracy White · Richard Winslade · Sue Young · Alexandra Von Zeichmann

© 1979 SWAN VERLAG GMBH, KEHL AM RHEIN,
ISBN 3-88230-500-2

ALLE RECHTE DER ÜBERSETZUNG, BEARBEITUNG
UND WIEDERGABE IN IRGENDEINER FORM
IM IN- UND AUSLAND VORBEHALTEN.

DESIGN: PAUL WALTER
ÜBERSETZUNG AUS DEM ENGLISCHEN: DRISS NASSER

FOTOLITHOS: PHOTOLITHO AG, GOSSAU
FOTOSATZ: SCHMIDT + CO., WEINSTADT
DRUCK UND BUCHBINDEREI: ERNST KAUFMANN, LAHR

GEDRUCKT IN DEUTSCHLAND, OKTOBER MCMLXXX